MÉMOIRE

SUR

L'ÉTAT DU DÉPARTEMENT

DE L'INDRE,

Adopté par le Conseil général de ce Département, dans sa séance du 7 Thermidor an VIII, et faisant la première partie du Rapport du Citoyen GRÈTRÉ, l'un de ses Membres.

A CHATEAU-ROUX,

De l'Imprimerie de F. BOURGEOIS, Imprimeur de la Préfecture.

AN VIII.

MÉMOIRE
SUR L'ÉTAT
DU DÉPARTEMENT DE L'INDRE.

Ce Département, l'un de ceux qui occupent le centre de la République, s'étend entre le 46.e et 47.e degré de latitude nord, et le 1.er et 2.e degré de longitude occidentale du méridien de Paris.

Il est borné au nord par le département de Loir et Cher; au sud, par ceux de la Creuse et de la Haute-Vienne; à l'est, par celui du Cher; et à l'ouest, par ceux de la Vienne et d'Indre et Loire.

Sa plus grande longueur, du nord au sud, est de 93,522 mètres 95 centimètres (48,000 toises, 24 lieues de poste); sa plus grande largeur, de l'est à l'ouest, est de 77,935 mètres 79 centimètres (40,000 toises, faisant 20 lieues de poste.)

Sa forme est à-peu-près circulaire, et Château-Roux, chef-lieu, se trouve au centre; il est distant de Paris, de 55 postes.

Sa superficie est de 700.000 hectares (à-peu-près 1,375,000 arpens), et de 70 myriamètres quarrés (faisant 458 lieues).

Nulle haute montagne ne s'élève dans son enceinte, et sa planimétrie n'est coupée que par les vallées, la plupart peu profondes, dans lesquelles coulent les rivières qui l'arrosent.

A

(2)

Aucune de ces rivières n'est navigable ; car on ne peut considérer comme rivière du Département, le Cher qui en fait la limite le long de la commune de Chabris, et le sépare de celui de Cher et Loire ; de toutes celles qui le traversent, deux seulement seraient susceptibles de devenir navigables, l'Indre qui donne son nom au Département, et la Creuse qui est flottable dans certains temps de l'année.

La rivière d'Indre prend sa source près de la commune de Sainte-Sévère, sur la frontière même du Département, qu'elle traverse du sud au nord-ouest ; elle le coupe en deux parties à peu-près égales, arrose les villes de la Châtre, Château-Roux, Buzançais et Châtillon, et prolongeant son cours à travers le département d'Indre et Loire, elle se jette dans la Loire un peu au-dessous de Langeais, ville voisine de Tours.

La Creuse pénètre dans le Département au sud, par un cours presque parallèle à celui de l'Indre ; elle baigne les villes d'Argenton et du Blanc ; sépare les départemens d'Indre et Loire et de la Vienne, et se joint à cette rivière, qui va elle-même tomber dans la Loire à Cande.

Les autres rivières du Département, toutes extrêmement faibles, sont la Bouzanne qui coule dans le 1.er et 3.e arrondissement ; l'Anglain qui arrose la petite ville de Belâbre ; la Claise qui, prenant sa source dans la contrée appelée *la Brenne*, qu'elle inonde, va arroser le département de la Vienne ; le Nohan qui, coulant du sud au nord, arrose les petites villes de Levroux et Valançay, et va se jeter dans le Fouzon, qui coule du sud à l'ouest, a l'extrémité septentrionale du Département ; enfin, la Théols qui, dans son cours de quelques lieues, dirigé du sud au nord, arrose la ville d'Issoudun.

Cette surface de 700,000 hectares (358 lieues quarrées) renferme 274 communes, distribuées en quatre arrondissemens communaux, dont le tableau ci-après indique les chef-lieux et la population.

CHEFS-LIEUX.	NOMBRE des COMMUNES.	POPULATION.
Issoudun	. . . . 52	. . . 39,311
Château-Roux	. . . . 93 . .	. . . 75,189
La Châtre	. . . . 65 . . .	. . . 45,171
Le Blanc	. . . . 64 . . .	. . . 47,811
	274	207,812

Cette population de 207,812 habitans, pour 700,000 hectares, donne 2,968 par myriamètre, proportion inférieure d'un dixième à celle des pays les moins peuplés de la France, et de moitié au-dessous de celle des pays de moyenne population : on trouvera les causes de cet état de faiblesse, dans les développemens qui vont suivre.

Ce Département paie à l'État, en contributions foncière et personnelle, la somme de . 1,502,475 fr.

Les autres impositions directes et indirectes peuvent être évaluées à 600,000

Et les sommes nécessaires au commerce d'importation ne sont pas exagérées en les fixant à 1,000,000

Ainsi, il sort chaque année, du Département, environ trois millions, qu'il doit se procurer par la vente des productions du sol, son commerce et son industrie.

La masse d'impositions paraît excéder les facultés du Département; tout porte à croire qu'elle surpasse la proportion du cinquième des revenus établis par la loi. La peine qui résulte de la persuasion de cette surcharge, s'accroît encore par l'idée que l'impôt n'est point convenablement réparti entre les arrondissemens, entre les cantons, entre les communes, et entre les particuliers.

Le Conseil général n'a pent trouvé, cette année, aucuns des renseignemens propres à l'éclairer sur ces deux points importans, ni à lui pu qu'indiquer les moyens qu'il croit devoir être employés pour arriver à des données exactes; mais en attendant que les travaux qu'il a proposés, conduisent à ce but, peut-être trouvera-t-on son opinion justifiée dans le développement de l'état du Département, considéré sous tous ses rapports, et dans les moyens qu'il a pour faire face à ses dépenses annuelles.

Productions annuelles.

Les productions naturelles du Département doivent former le premier objet de cet examen; il ne possède rien de particulier, dans le règne animal, ni dans le végétal. Les animaux que l'on connaît dans les autres départemens de la République, peuplent également ses plaines, ses forêts, ses eaux et son atmosphère. Les plantes qui couvrent spontanément le sol des autres contrées, tapissent aussi le sien; le tout dans une proportion et des quantités qui ne permettent aucune spéculation commerciale. Il n'en est pas ainsi, quant aux productions du règne minéral; à cet égard, la nature a favorisé d'avantage le département de l'Indre.

Dans trois arrondissemens , on fouille de la marne qui sert à améliorer ses terres.

Aux environs d'Argenton on a découvert, à diverses reprises, des morceaux d'un gypse pur qui a donné, par la calcination , un plâtre égal à celui de Montmartre. Jusqu'ici cependant, les recherches trop faibles et peu suivies n'ont conduit qu'à une connaissance vague qui ne présente aucun résultat utile.

Mais ce qui distingue sur-tout ce Département, c'est l'abondance et la qualité de la mine de fer ; elle s'y trouve, comme toutes les mines d'alluvion, en plateaux qui gissent dispersés çà et là à peu de profondeur, et qui tous jettent des filons que des recherches et souvent le hasard font découvrir. *Mines de fer.*

Cette mine, en grains et rognons, produit une fonte douce, qui se réduit en fer merveilleusement propre aux travaux de la marine, et à tous ceux d'une nature qui exige que ce métal soit doux, nerveux, pliant et non cassant, ni à chaud, ni à froid. *Fers.*

La présence de cette mine, l'étendue des bois et forêts en taillis qui couvrent le Département, la nécessité de les utiliser, ont sollicité l'établissement de quatorze hauts fourneaux dans lesquels on fond la mine, et onze grosses forges dans lesquelles on fabrique annuellement , en fers en barres et en fenderie, environ quatre à cinq millions pesant, qui forment l'une des deux grandes branches du commerce d'exportation du Département. Cette partie, comme on le voit, est déjà arrivée à un haut degré d'importance ; mais elle peut être améliorée considérablement, soit en perfectionnant la matière fabriquée , soit en accroissant la quantité. *Forges et fourneaux.*

Acier.

Un propriétaire de l'une de ces usines (le C.^{en} *Grétré*) désirant, il y a quelques années, répondre aux invitations du Gouvernement, a fait construire des fours propres à cémenter le fer pour le transformer en acier ; il en a fabriqué une grande quantité. Des essais de ces aciers ont été faits à Paris, par ordre du Ministre de l'intérieur (alors le C.^{en} *Benezech*); à Château-Roux, par ordre du Département ; et par cette double épreuve, on a acquis la certitude que l'acier de Clavières, participant aux qualités du fer, est fort, nerveux, propre à la coutellerie et à l'armurerie, supérieur à celui d'Allemagne par la finesse, et très-approchant de la nature et qualité de celui d'Angleterre.

Des circonstances étrangères ont déterminé le Citoyen *Grétré* à suspendre la fabrication de l'acier ; mais il n'en résulte pas moins que l'opinion est fixée, la difficulté des essais vaincue, et le succès assuré à celui qui voudra entreprendre cette manipulation, et y donner les soins qu'elle exige.

Fontes.

La fonte est aussi susceptible d'être adoucie autant que celle d'Angleterre. La poterie en fonte qui se coule à Luçay, est plus belle que celle qui sort de Normandie ; celle que l'on obtient à présent dans un établissement nouvellement formé par le C.^{en} *Grétré*, au fourneau du Noyer, près d'Issoudun, l'égale déjà en qualité, et la surpasse en douceur. En donnant quelques soins à la fonte de ces établissemens, on parviendra à la rendre propre à beaucoup d'objets pour lesquels on emploie aujourd'hui le fer, tels que les espagnolettes, les fiches, palâtres des serrures, et à rivaliser, à cet égard, l'Angleterre qui réussit dans ce genre d'industrie.

A l'égard des quantités fabriquées, il est possible de les accroître ; mais il faut, pour y parvenir, 1.º augmenter la production actuelle des bois et forêts existans, et 2.º accroître leur superficie productive.

On remplira le premier objet en donnant une grande attention à la conservation des bois et forêts, repiquant les places vides qui se trouvent au centre, et prenant tous les moyens propres à éviter les ravages des incendies, la dent meurtrière des bestiaux, et sur-tout celle des chèvres, animaux destructeurs nés des forêts, et que les gardes et la gendarmerie devraient avoir le droit de tuer lorsqu'ils les trouveraient en délit.

Quant au deuxième objet, rien n'empêche que l'on exécute, dans le Département, une mesure adoptée depuis long-temps dans plusieurs autres. Beaucoup de communes, celles sur-tout qui avoisinent les grandes masses de forêts nationales, ont des usages qui autrefois étaient en bois, et qui aujourd'hui ne sont plus que des bruyères infertiles, dans lesquelles on rencontre, d'espace à autre, quelques rejetons des arbres qui ont couvert ce sol ; celles de ces propriétés communes qui ne sont pas encore entièrement réduites en état de brandes, n'offrent que quelques broussailles, qui ne s'élèvent pas à plus de deux pieds au-dessus du sol, et ne peuvent avoir d'autre emploi que celui d'offrir une nourriture insuffisante à quelques vaches maigres, et à de nombreux troupeaux de chèvres. Les communes, le Département, la République entière, perdent le produit que l'on pourrait tirer de ce sol, s'il fût resté dans son état primitif.

Il est donc également intéressant pour l'État en général,

Moyen d'accroître la quantité productive.

le Département et les Communes, de remettre ces usages en un bon état de productions, et pour cela, il suffit de leur appliquer la loi qui régit la partie forestière, d'obliger les communes à les faire receper, et conserver, comme le sont les autres bois; avec ces précautions, ces communes auraient dans vingt ans, de bons taillis qu'elles vendraient à leur profit dans les formes voulues par la loi; elles y trouveraient un revenu qu'elles appliqueraient au paiement de leurs charges locales, ou même de portion de leurs contributions, le Département en retirerait l'avantage de l'accroissement du combustible, qui permettrait celui de la fabrication de fer, accroissement important pour la République. Il est démontré que la France ne fabrique pas la quantité de fer qui lui est nécessaire, soit pour sa consommation intérieure, soit pour son commerce d'exportation, puisqu'en 1787, elle fut obligée de payer quinze millions écus, pour se procurer les fers et aciers qui lui manquaient.

Le Département gagnerait aussi à cet accroissement de fabrication, puisque dans l'état actuel, le commerce de fer ne le cède qu'à celui des laines, dont on va donner l'apperçu.

Division de l'agriculture.

La rivière d'Indre partage, comme on la vu, le Département en deux portions presque égales; elle détermine aussi la principale division de son agriculture.

Portion du Département, appelée Champagne.

Toute la partie à droite, depuis Ardentes jusques au-dessus de Buzançais, présente de vastes plaines, qui ne sont coupées par aucune clôture, et dans lesquelles errent librement de nombreux troupeaux de bêtes à laine; le centre de ce plateau, particulièrement connu sous le nom de *Champagne*, est élevé; et ce qui le prouve, c'est que

plusieurs

plusieurs ruisseaux et petites rivières y prennent leur source,
et coulant dans différentes directions, vont se perdre dans
les rivières d'Indre, d'Arnon et du Cher. Le sol est par-
tout établi sur un banc de pierre calcaire, recouvert d'un
terrain léger qui, dans beaucoup d'endroits, n'a pas plus
de quatre à cinq pouces de profondeur ; encore cette
terre se trouve-t-elle entremêlée des débris de ce roc calcaire
que la charrue enlève facilement ; cette amalgame et le
le peu de profondeur, rendent le sol très-brûlant, et peu
susceptible de cette humidité radicale nécessaire à la bonne
végétation. Aussi, quoique généralement on puisse y re-
cueillir tous les grains, froment, seigle, orge et avoine,
la production ne s'élève guères au-dessus du quadruple
au quintuple de la semence.

On conçoit que de pareils résultats ont dû engager
les propriétaires et les cultivateurs, à chercher dans l'ex-
ploitation, des produits plus avantageux. La nature du sol
et sa disposition ont tourné leurs vues du côté de l'éducation des bêtes à laine, et on a subordonné la culture à cette
branche de commerce agricole.

Ce sol naturellement sec ne fournit aucune de ces grandes
prairies, ni de ces gras pâturages qui ne se rencontrent que
dans les vallées et sur les bords des rivières : ce ne serait
même point ces sortes de pacages qui seraient les plus utiles :
il ne faut pour la nourriture du mouton, qu'une herbe
fine qui ne lui fournisse point un aliment aussi substantiel
que celui qu'on lui fait prendre pour le pousser à la graisse.
Pour procurer cet aliment léger en quantité suffisante, il
a fallu conserver de grandes espaces de terres, et de là l'obligation de laisser reposer les terres trois, quatre, et jusqu'à

Éducation des bêtes
à laine.

Leur influence
le système

cinq années, afin qu'elles pussent offrir cette espèce de prairie naturelle, ce qui d'ailleurs s'accordait avec le système général d'agriculture de la France, fondé sur la nécessité d'un repos dont la durée devait être proportionnée à la qualité du terrain. Convaincus que la multitude des bêtes à laine faisait la richesse d'un domaine, les propriétaires ont jugé qu'il était avantageux d'en réunir le plus qu'il serait possible dans le même domaine; et de là l'usage d'affecter une grande quantité de terres à ces métairies; quelques-unes en exploitent jusqu'à 2,000 arpens, d'autres de 5 à 600, aucune n'en a moins de 200. Cette division est une des causes du défaut de population; car l'espace de terre qu'un domaine de Champagne exploite avec quatorze à quinze personnes, serait ailleurs divisé en cinq ou six métairies, qui toutes deviendraient le berceau de familles plus ou moins nombreuses.

Ces métairies, en Champagne, s'exploitent avec des chevaux que l'on achète jeunes en Poitou, et qu'on revend ensuite pour servir au roulage. C'est dans les chaudes bergeries de ces domaines, que naissent et s'élèvent ces moutons et brebis, dont les toisons donnent une laine fine et frisée, placée, par sa qualité, au premier rang de celles de France, et qui pourra rivaliser avec les plus belles d'Espagne, si le Gouvernement veut faciliter l'introduction de troupeaux de ce royaume; l'expérience démontre incontestablement qu'on peut, par ce moyen, améliorer la race indigène dans toutes les diverses parties de la République, et notamment dans ce Département. Les succès du citoyen *Lamerville*, dans le département du Cher, du citoyen *Daubenton*, dans le département de la Côte-d'Or, du citoyen *Chanorier*, à Chaton, près Paris, ne laissent

aucun doute à ce sujet ; mais on doit citer particulièrement à l'appui des avantages précieux que présente, à cet
égard, le territoire de ce Département, l'exemple du citoyen *Barbançois* qui, sans autre ressource que celle résul-
tante du local favorable du Département, dans les plaines
de Champagne où se trouvent ses propriétés, a, depuis
vingt-quatre ans, conservé la race d'Espagne dans un tel
degré de pureté, qu'il peut présenter aujourd'hui des bêtes de
cette race, aussi belles et aussi fines qu'il en puisse sortir
d'Espagne, sans cependant avoir reçu, pendant ce laps de
temps, aucunes bêtes provenant de ce pays, soit direc-
tement ou indirectement. Le mouton indigène est faible,
petit, et sa toison donne à peine deux à trois livres de
laine au plus ; celui d'Espagne, beaucoup plus fort, donne
des toisons qui pèsent communément cinq à six livres,
et vont même jusqu'à neuf et dix livres, dont la laine
est d'une qualité supérieure.

Mais deux obstacles s'opposent à ce que ce changement
avantageux s'opère d'une manière prompte et générale ; le
premier, c'est le défaut de moyens pécuniaires de la plus
grande quantité des propriétaires de la Champagne, qui
n'ont point assez d'aisance pour oser entreprendre de faire
venir des troupeaux de bêtes d'Espagne ; c'est à lever cet
obstacle que le Gouvernement pourrait les aider ;

Le second, c'est le défaut de fourrages de la qualité
requise ; l'espèce croissant en force, exigera plus de nourriture ; ces fourrages manquant à l'espèce indigène, il
faudrait des prairies artificielles, telles que la nature du sol
les permet ; les sainfoins, les trèfles, les vesces, les pois,
paraissent convenir ; quant aux luzernes, elles exigent un sol

sol profond, qu'on ne trouve point généralement dans la Champagne.

Nécessité de prairies artificielles.

Il semble donc que l'amélioration, dans l'éducation des bêtes à laine, devrait être précédée par l'introduction du genre de prairies artificielles propres à leur procurer une nourriture suffisante et saine ; il faudrait ensuite que des gens instruits guidassent les colons dans les soins à donner à ces grands animaux, et veillassent à empêcher les épizooties ; le Gouvernement seul peut prendre des mesures à cet égard ; alors sans doute, le produit des laines deviendrait plus important pour le Département et pour la France en général. Mais ce qui doit fixer l'attention de l'homme d'état, c'est que ces laines sont exportées en plus grande partie, au lieu d'être manufacturées dans le Département où on les récolte.

Manufactures de draps.

Avant la révolution, beaucoup de fabricans établis à Château-Roux, et quelques-uns à Issoudun, employaient une grande partie de ces laines à la fabrication des draps, qui servaient principalement à l'habillement des gens de livrée à Paris et dans les autres autres villes de la France. Château-Roux tenait même le premier rang dans ce genre de draperie commune. Une manufacture privilégiée, composée de quarante métiers, avait aussi été établie depuis plusieurs années dans cette ville ; elle se livrait à la draperie fine, et avait obtenu des succès importans ; mais

Leur stagnation.

des motifs particuliers à cette grande manufacture, et des causes générales, arrêtent tous les travaux dans ce moment.

Ses causes.

Les motifs particuliers à la manufacture sont le retranchement d'une somme de 6,000 francs, que le Gouvernement lui payait annuellement par forme de gratification, et l'obligation dans laquelle a été le propriétaire de payer une somme de 90,000 francs, pour s'assurer la propriété de cet établissement qu'il avait déjà acheté du ci-devant apanagiste ; ce double paiement lui a enlevé tous ses fonds : quant aux causes générales, on va les développer.

Avant la guerre actuelle, les villes où sont établies de grandes fabriques de draps, Rheims, Louviers, Elbeuf, Sedan, obtenaient des laines d'Espagne facilement, et à un prix qui n'excédait point la proportion que la différence de qualité introduit nécessairement entre ces laines et celles du Département ; elles tiraient peu de ces dernières laines, qui restaient par conséquent à un prix qui permettait aux fabricans du pays de retirer de leur emploi, le bénéfice que doit procurer la mise en œuvre.

Depuis que la guerre a rendu les transports par mer dangereux ; depuis que l'Anglais, ce peuple jaloux de tous les genres d'industrie, est parvenu à dominer et à intercepter toutes les communications, on est obligé de faire venir ces laines par terre ; leur importation est devenue par-là difficile, longue, fort coûteuse, et la proportion entre leur prix et celui des laines du Département, a été rompue, et alors les fabricans de ces villes manufacturières se sont rejetés sur les laines du Département. Il y a plus, toutes les fabriques de la Belgique, qui ne connaissaient autrefois que les laines d'Espagne, forcées par les mêmes besoins, ont adopté la même mesure, et il en est résulté dans le prix des laines du Département, un accroissement qui, réuni à la difficulté et à l'incertitude du débouché des draps, et au cours très-bas de cette marchandise dans la qualité frabriquée à Château-Roux, s'oppose absolument à l'activité des manufactures. Le fabricant qui a acheté de la laine, préfère la vendre à un bénéfice médiocre, plutôt que de la manufacturer; et ces spéculations occasionnent une stagnation entière dans les travaux des manufactures, et en préparent même la cessation totale.

Cet état d'abandon est moins funeste aux fabricans mêmes qu'aux ouvriers. Très-peu de chefs de manufactures, soit en fers, soit en draps, obtiennent par la vente des choses manufacturées, l'intérêt des fonds qu'ils avancent, et un juste dédommagement des peines auxquelles ils sont exposés, et des inquiétudes qui les assiègent continuellement; mais les ouvriers nombreux auxquels les fabriques de draps fournissaient les moyens d'existence, ne les trouvant plus, comment pourront-ils remplacer ce défaut d'occupations ordinaires?

Cette considération mérite la sollicitude du Gouvernement; il pourrait faire cesser cet état de choses inquiétant, soit en accordant aux fabricans une prime qui rétablirait l'équilibre entre le prix des laines et celui des draps, soit seulement en leur assurant le débouché de leurs marchandises par des fournitures à la guerre ou à la marine, qui seraient exactement payées. Sans cette précaution, la classe laborieuse et indigente du Département manquera absolument de travaux l'hiver prochain, et ce sera une véritable calamité pour le Département, qui voit ainsi s'anéantir l'une des branches la plus importante de son industrie.

Après ces trois objets principaux du commerce, les fers, les laines et les draps, on doit ranger le commerce des bestiaux que l'on engraisse.

Le voyageur qui, après avoir parcouru les plaines arides et monotones de la Champagne, est encore obligé de traverser des terres incultes qui ne présentent que l'infertile fougère, le triste genêt et l'ajonc épineux, doit être frappé d'une vive surprise, lorsqu'arrivé à l'extrémité de ce plâteau, il se trouve au sommet du coteau de Corlay, situé à deux lieues d'Ardentes, sur la route de Château - Roux à la Châtre; de ce point élevé, il découvre tout-à-coup la perspective riante d'un pays qui réunit les avantages du sol à ceux d'une culture soignée : là son œil embrasse avec avidité cet intéressant tableau qui porte dans son ame l'idée consolante de la fertilité, de l'activité de l'industrie. Cette contrée appartient au 3.e arrondissement, dont la Châtre est le chef-lieu; elle s'étend entre l'Indre et la Creuse, sur une profondeur trop peu considérable; par-tout elle offre un bon sol fromental; les domaines, moins grands que ceux sur la rive droite, sont exploités avec des bœufs; tous les héritages sont renfermés de haies vives, le sol entrecoupé de coteaux et de vallées, arrosé de plusieurs petites rivières et de ruisseaux, renferme des prairies et des pâturages dans lesquels on engraisse des gros et menus bestiaux, qui se vendent ensuite pour les marchés de Sceaux ou de Poissy. Malheureusement cette contrée intéressante n'est pas fort étendue; et bientôt ce sol productif fait place à un terrain sablonneux, léger et rocailleux, qui règne le long de la frontière du département de la Creuse : là on ne récolte plus que du seigle, des raves et des châtaignes. C'est dans cette partie que se trouve Saint-Denis-de-Jouhé, dont les environs produisent ces Châtaignes, qui se conduisent à Orléans, à Paris, et font, pendant deux à trois mois de l'année, l'objet d'un petit commerce d'exportation.

Mais si la portion du Département dont on vient de parler, présente une agriculture et un commerce utiles, il n'en est pas ainsi d'une contrée plus vaste qu'on nomme la *Brenne*, qui est renfermée entre la Claise et la Creuse, et fait partie du 4.ᵉ arrondissement : tout ce pays n'offre qu'un sol sablonneux et aride, couvert de bois, de bruyères, et de roches nues, d'une multitude innombrable d'étangs vastes et peu profonds, de marais formés par les eaux de la Claise, qui coule sur un terrain plat, où elle est par-tout encombrée. A peine peut-on cultiver la dixième partie des terres, et elles ne produisent que peu de seigle et d'avoine ; ces eaux stagnantes pénètrent la terre, et corrompent jusqu'à l'eau des puits et des fontaines ; les vapeurs méphitiques qui s'exhalent de ce sol humide et pourri, ont, sur l'espèce animale et sur les productions, les plus funestes effets.

Dans cette malheureuse contrée, l'homme apporte en naissant une fièvre qui ne le quitte qu'au tombeau ; son enfance est rachitique, sa jeunesse sans développement, son âge viril sans force, et sa vieillesse accélérée. La moindre plaie aux jambes devient presque incurable ; aussi la consommation de l'espèce humaine y est effrayante ; et la population, sans cesse alimentée aux dépens du surplus du Département, y reste néanmoins constamment fort au-dessous de celle ordinaire aux pays les moins peuplés.

Les bêtes à cornes, les chevaux, les bêtes à laine et toutes les races des animaux y sont dans la même proportion que celle de l'homme. Les environs du Blanc et de Saint-Gaultier, et les rives de la Creuse, sortent cependant de ce tableau.

Contrée dite la Brenne.

Le

Le commerce principal de cette contrée était celui du poisson pêché dans ses nombreux étangs ; la loi qui a ordonné leur destruction, sans utilité pour le pays en raison de la nature du sol, a réduit de beaucoup ce commerce, et il ne reste plus à cette contrée que l'éducation de quelques bestiaux, dont le profit suffit à peine à l'achat de ceux nécessaires à sa faible culture. Le moyen de rendre la Brenne moins insalubre, serait, non pas de dessécher les étangs, mais de nettoyer le lit de la Claise, et de lui procurer un cours facile et rapide.

Cette contrée touche à une autre faisant partie du 2.ème arrondissement, et dans laquelle se trouve le canton de Palluau, trop connu par l'insurrection momentanée qui a coûté la vie à plusieurs habitans de la campagne égarés et séduits : cette portion, qui confine au département d'Indre et Loire, réunit les avantages du sol des autres parties du Département ; le commerce des laines et des bestiaux s'y fait utilement, et c'est à-peu-près la seule qui récolte assez de grains pour pouvoir en livrer à l'exportation ; les vins qui s'y recueillent, sont les meilleurs du Département ; mais des bruyères immenses couvrent le terrain depuis Palluau jusqu'à Écueillé, et dans les communes de Luçay, de Vic et autres. Ainsi, par-tout dans ce Département, le tableau de la stérilité, de la pauvreté, de la désertion, vient se placer à côté et presque toujours au-dessus de celui de l'activité.

Après ces objets principaux du commerce, on doit traiter de celui des vins. Dans les environs des villes d'Argenton, la Châtre, Château-Roux, Issoudun, Levroux, Buzançais et Valançay, sont plantés des vignobles assez étendus ; tous les vins en sont médiocres ; la plupart ne peuvent

C

Son Commerce en poisson.

Canton de Palluau.

Vignobles et vins.

se conserver au-delà de l'année de leur récolte : le Département de la Creuse enlève la plus grande partie qui s'en exporte ; le reste sert à la consommation du pays. On doit remarquer ici que l'on reproche beaucoup aux villes de Château-Roux , et sur-tout d'Issoudun , leur méthode de cultiver la vigne. qui consiste à ne point mettre d'échalas , et à remuer la terre autour du cep, de manière qu'il se trouve au centre et dans la partie la plus enfoncée d'un creux circulaire. L'usage d'Issoudun , dans la récolte de la grappe. est aussi fort critiqué; on la dépose , hors de la vigne , sur de grandes pièces de toile , où elle est élevée en masse pyramidale , et de là on l'enlève pour la transporter dans des cuves établies dans les caves , soit par le moyen de tonneaux ovales placés sur des voitures , et que l'on nomme *cuves-charrois* , soit par le moyen de banneaux portés par des ânes. On objecte contre la culture adoptée , que cette méthode de rapprocher la grappe de la terre , nuit à la qualité et à la quantité de la production , et que le dépôt de la grappe sur la toile fait perdre la mère-goûte. Sans vouloir ici justifier ces procédés , il est peut-être bon cependant d'observer qu'à l'égard du défaut d'échalas , les propriétaires de vignes répondent que le banc de roc calcaire se trouvant à quatre et cinq pouces de profondeur , l'échalas ne peut être placé utilement; que la rareté des bois rendrait les échalas très-coûteux , et qu'enfin il serait difficile de s'en procurer la quantité suffisante ; qu'au surplus , les vignobles d'Issoudun donnent des vins qui peuvent être gardés long-temps , et se bonifient en vieillissant , tandis que ceux de la Châtre et d'Argenton , dont les vignes sont garnies d'échalas , sont de qualité inférieure , et doivent être bus dans

Culture des Vignes.

Récolte des raisins.

l'année ; ce qui prouve que l'absence des échalas nuit au plus à la quantité et non à la qualité du vin ; à l'égard du dépôt de la vendange sur des draps et des toiles, leur motif, c'est qu'ils économisent une grande quantité de poinçons, et les frais des voitures, qui conduiraient et rameneraient ces futailles ; ainsi, jusques dans la récolte des fruits, le peu d'aisance des habitans se fait sentir, et ce principe, sans cesse renaissant, s'oppose aux améliorations les plus simples.

Deux moulins à papier établis, l'un près d'Issoudun, l'autre près d'Argenton, n'en fabriquent que de médiocre, et en petite quantité. *Papeteries.*

Une manufacture d'un nouveau genre vient d'être élevée depuis peu à Valançay, par les soins et les sacrifices pécuniaires du citoyen *de Luçay*, préfet du Cher ; une machine hydraulique, construite par lui, fait mouvoir des mécaniques qui cardent et filent le coton : des ouvriers mettent en œuvre ces fils, et en fabriquent des vêtemens de toute espèce. La rareté de la matière, la difficulté du débouché des choses manufacturées, ont arrêté les travaux de la filature et des métiers ; mais il est à espérer que la paix ravivera cet établissement, qui offre un emploi utile aux femmes et aux enfans de la contrée ; et qu'il obtiendra le succès dû à son objet et au zèle patriotique de son fondateur. *Filature et Manufacture en coton, à Valançay.*

A ce tableau, en raccourci du commerce et de l'industrie manufacturière du Département, doit succéder celui de l'état de ses communications avec le reste de la République.

Celle par eau, n'existe que par le port de Chabris, situé à l'extrémité septentrionale du Département, sur *Communication par eau.*

la rivière du Cher, qui en fait la limite le long de la commune de Chabris, et le sépare de celui de Loir et Cher ; mais elle offre une faible ressource au Département, qui est obligé d'aller chercher le Cher jusqu'à Vierzon, distant de quatorze lieues de Château-Roux, et situé dans le département du Cher.

Projet de rendre la Creuse navigable. Depuis long-temps, il est question de rendre la Creuse navigable depuis Argenton jusqu'à son embouchure dans la Vienne, en nettoyant son cours des bancs de sables et des roches qui l'embarassent ; ce qui n'exigerait pas une dépense très-considérable. L'ancien Gouvernement avait consacré quelques sommes à des essais préparatoires, et un habitant d'Argenton a prouvé la facilité de cette opération, en descendant, à plusieurs reprises, des bateaux chargés de marchandises.

Canal sur la rivière d'Indre. Il en a été de même relativement à la rivière d'Indre. Feu le citoyen Bouchet, ingénieur en chef des turcies et levées, fut chargé de faire les plans et nivellemens relatifs à la construction d'un canal depuis Château-Roux jusqu'à Châtillon, où la rivière devient navigable ; ces opérations préliminaires furent exécutées, et il en résulta la preuve qu'au moyen de quelques écluses et portes marinières, on pourrait facilement réussir. Le citoyen Defer, étendant ce projet, avait proposé de créer une communication par eau de Château-Roux jusqu'à Bourges, et de là au Veurdre, sur l'Allier. Des travaux de cette nature assurent, sans contredit, la vivification d'un pays, et Vierzon en offre un exemple frappant ; depuis qu'il est devenu un port sur le Cher, sa population s'est accrue sensiblement ; mais ils exigent des mises-hors considérables : on ne peut espérer de trouver dans le Département, des personnes qui, moyennant quelques rétributions sur les marchandises transportées, osassent faire ces avances. Le Gouvernement, obligé d'employer tous ses fonds au soutien de la guerre, est hors d'état d'entreprendre ces objets d'amélioration; on doit donc en remettre la proposition à un temps plus heureux, et ne point se dissimuler qu'il est difficile de prévoir l'époque à laquelle le Département cessera d'être privé de toutes communications directes par eau : quant à celles par terre, elles sont plus avancées.

Le Département est traversé par trois grandes routes principales qui se croisent à Château-Roux; la première est celle de Paris à Toulouse, qui se dirige du nord au sud, par Vatan, Château-Roux et Argenton : c'est la seule achevée depuis environ trente années, et habituellement fréquentée.

La deuxième est celle de Tours à Clermont-Ferrand et à Lyon, dirigée sur Mont-Luçon, par Châtillon, Buzançais, Château-Roux et la Châtre; elle est entièrement refaite depuis Tours jusqu'à Buzançais; il reste un myriamètre à faire depuis cette ville jusqu'à Château-Roux, et un autre entre cette dernière et la Châtre.

La troisième route est celle de la Rochelle à Troyes qui, passant par Leblanc, Château-Roux et Issoudun, se rend à Bourges; la portion du Blanc à Château-Roux est en partie faite; dans celle de Château-Roux à Bourges, il ne reste à finir que le myriamètre de Charost à Saint-Florent, extrêmement important pour le Département dont le tribunal d'appel est placé à Bourges.

Les réparations à faire sur ces trois routes principales, doivent être considérées comme des besoins urgens, et elles seront comprises, sous ce rapport, dans la deuxième partie de ce mémoire, afin que le Conseil général prenne, à leur égard, les arrêtés qu'il croira nécessaires.

Routes projettées. Différentes autres routes sont encore entreprises; l'une va de Château-Roux à Selles et à Blois, en passant par Levroux et Valançay: elle ouvre la communication avec le Cher et la Loire.

Une autre va du Blanc à Blois, en passant par Azay et Châtillon.

Une troisième, de Bourges à Gueret, passe par la Châtre; toutes ces routes sont plus ou moins avancées; leur corfection doit être mise après celle des trois grandes routes principales : tant que celles-ci ne seront point achevées, le Département n'aura véritablement de communication parfaite, que par la seule route de Paris à Toulouze. L'on ne *Influence du défaut de routes sur le commerce et la population.* peut se refuser à admettre cette privation de débouchés, comme l'une des causes qui ont le plus puissamment contribué et contribuent encore à maintenir le commerce et l'industrie dans un état habituel de langueur; c'est ce défaut de communications faciles qui éloigne des frontières de ce Département, le numéraire qui suit ordinairement les spéculations commerciales ; c'est là ce qui arrête les progrès de l'agriculture et le développement de la population qui se met toujours au niveau des moyens du travail, qui la soutient en l'activant.

Monumens et édifices publics. Les objets d'intérêt général pour tous les habitans du Département, ont dû nécessairement se ressentir du défaut de moyens pour les affaires particulières ; aussi tous les monumens publics autres que les ponts nouvellement construits, attestent également et la pénurie du numéraire, et l'absence de toutes connaissances dans les arts qui tiennent à l'architecture.

On ne peut citer un monument public, un temple destiné au culte, qui soit digne de remarque.

Un seul édifice à Château-Roux, avait été conçu sur un plan vaste et propre à remplir son objet; c'est la maison où étaient établies des religieuses de la Congrégation de Notre Dame; mais le défaut qui se fait sentir dans tout le Département, influa aussi sur cette entreprise. Les fonds manquèrent, les travaux furent arrêtés, et la maison resta composée de bâtimens caducs, presque inhabitables, et de bâtimens neufs non achevés; elle a servi successivement à loger les suspects, les réfractaires, les prisonniers de guerre et les criminels. Enfin, un décret du 16 nivôse an 5, l'a consacrée à l'établissement de l'école centrale, et aucun local ne pouvait y être plus propre.

Dans son état actuel, elle fournit quatre salles pour les cours publics, une cinquième pour les exercices du commencement et de la fin de l'année scolaire. Un très-bel emplacement a été réparé et convenablement disposé pour une bibliothèque formée depuis peu, et composée de 7420 volumes recueillis dans les maisons religieuses supprimées, et chez quelques émigrés; ces livres ont été mis en ordre et classés par le bibliothécaire attaché à l'école, et ce dépôt précieux est ouvert au public tous les jours pairs. Sept professeurs sont en activité; il ne manque plus que ceux d'histoire naturelle et de législation. Plus de quatre-vingts élèves fréquentent ses cours; et le pensionnat qui y est établi, en renferme trente-sept dans ce moment.

Cet établissement, le seul moyen d'instruction publique

(24)

qui existe dans le Département, est par conséquent infiniment précieux ; ses nombreux bâtimens, au moyen de quelques changemens dans les formes, et des réparations que leur destination antérieure a occasionnées, offriraient bientôt toutes les salles nécessaires aux exercices, aux cabinets de physique et d'histoire naturelle, et au laboratoire de Chimie, et des logemens suffisans à tous les professeurs et à plus de cent élèves.

Un vaste enclos, aujourd'hui en jardin potager, peut se transformer en jardin de botanique et en emplacement propre à la gymnastique : une belle fontaine, un ruisseau qu'elle produit, offriraient un canal de natation. Les fonds affectés dans les dépenses générales du Département, suffiraient pour remplir tous ces objets peu à peu, s'ils y étaient constamment affectés ; alors le Département aurait un établissement complet, qui développerait, exciterait et entretiendrait l'amour des sciences et des arts.

Dans son état d'imperfection, il a déjà obtenu des succès, puisque plusieurs élèves qui s'y sont formés, ont été immédiatement reçus à l'école polytechnique et dans la marine. Le Département pourrait alors espérer de voir s'élever dans son sein des hommes instruits, qui rivaliseraient avec ceux auxquels il peut s'honorer d'avoir donné le jour. On remarque, entre ces derniers, *Baron*, né à Issoudun, et qui fut l'élève et l'ami de Molière ; le père *Berthier*, jésuite, l'un des rédacteurs du célèbre journal de Trévoux, né dans la même ville, et *Guymon-Delatouche*, né à Château-Roux, distingué, parmi les auteurs modernes, par sa belle tragédie d'Iphigénie en Tauride.

Si l'œil d'un homme éclairé ne trouve encore rien qui

le

le flatte dans les édifices publics; si l'esprit d'un amateur des sciences et des arts cherche vainement quelque motif d'exercice et de satisfaction dans les monumens du Département, les plus douces jouissances y sont préparées à l'homme sensible qui voudra connoître les mœurs des habitans de ce paisible pays; son cœur sera délicieusement ému, lorsque parcourant les hospices d'Issoudun, de Château-Roux, les deux villes principales du Département, il y trouvera tout ce qui peut soulager l'humanité souffrante.

Là seulement, la parcimonie disparaît; l'honnête aisance la remplace. Des médicamens de bonne qualité sont réunis; les officiers de santé les plus éclairés multiplient leurs soins bienfaisans; et les plus fortunés d'entre les habitans se livrent à une administration active, sage, économe, avec un zèle égal, et quelquefois supérieur à celui qu'ils développent pour leurs propres affaires.

C'est là que la bienfaisance accorde, à ces enfans victimes de la misère ou de la dépravation, des soins presqu'aussi tendres, aussi affectueux, que ceux qu'ils auraient droit d'attendre de leur mère. La diminution de revenu, que ces établissemens ont éprouvée par la vente d'une partie de leurs propriétés, a diminué leurs moyens, sans affecter le zèle des Administrateurs; il n'est pas même altéré par le retard que le Gouvernement apporte dans le paiement des frais de nourrices, retard qui accroît incommensurablement les peines, les embarras de ces hommes estimables; mais forts de leur conscience, ils supportent avec résignation les désagrémens auxquels cette suspension de paiement les expose, et confians dans la sagesse et la justice du Gouvernement, ils espèrent, que faisant exécuter la loi

D

qui existe en leur faveur, il leur sera remplacé, en biens nationaux, le montant des propriétés vendues, et des rentes dont la Nation a reçu le remboursement; et qu'enfin le Gouvernement ne les laissera pas long-temps dans une attente aussi cruelle.

Caractère et mœurs des habitans. Ce caractère de bienfaisance, d'ordre, d'économie, de patience, de résignation, que les Administrateurs des hospices déploient, est le modèle de celui que l'on reconnaît essentiellement chez tous les habitans du Département.

L'air de ses vastes plaines, pur, mais moins vif que celui des pays montueux, ne porte point dans leur sang, cette chaleur bouillante, principe de l'énergie qui imprime à l'homme le besoin et le desir du mouvement, et se développe sous tous les rapports; son enfance, vouée à la vie pastorale, le dispose à chérir la douceur et la nonchalance du repos. La tranquillité de l'atmosphère qui l'enveloppe, règne dans son cœur, et cet état de paix suffit à son bonheur; possédant l'exact nécessaire, il néglige un superflu qui n'ajoute rien à ses plaisirs, et dont il ne se fait pas d'idée, étant éloigné de ces grandes villes, où le spectacle journalier du luxe éveille l'amour de l'or, aiguillonne l'ambition, et électrise toutes les facultés de l'ame.

C'est donc la douceur qui fait ici le fond principal du caractère des deux sexes: nulle part on ne rencontre cette rudesse, cette âpreté repoussantes qui se remarquent chez les montagnards.

Leur opinion politique. C'est par l'effet de cette qualité dominante, que le Département n'a point été souillé par ces divisions sanguinaires, qui en ont affligé tant d'autres de la République pendant la révolution. On doit juger, d'après cela, que les principes de modération sont ceux qui conviennent essentiellement aux habitans de l'Indre ; également éloignés des extrêmes, ils aiment le Gouvernement actuel, qui met en pratique les principes éternels de la sagesse des nations, principes qui, pendant trop long-temps, ont été déshonorés. S'il faut de l'exagération dans les idées, s'il faut des mouvemens violens pour faire des révolutions, c'est la modération et l'équité qui les terminent : ce sont ces vertus qui fondent, soutiennent et font aimer les gouvernemens.

Les habitans de l'Indre ont donc été émus d'un profond sentiment de joie, lorsqu'ils ont vu le Gouvernement consulaire marcher dans cette direction ; lorsqu'ils ont vu qu'ils étaient administrés, selon ces principes, par un Préfet qui, ennemi de toute réaction, s'occupe, sans relâche, de l'intérêt et du bonheur de ce Département. C'est avec plaisir que le Conseil général, devenu l'organe de ses Concitoyens, rend ce témoignage de l'estime générale due aux sentimens d'équité et de modération qui distinguent l'administration de ce Magistrat laborieux et éclairé.

Château-Roux, le 12 Thermidor, an 8 de la République française.

Pour copie conforme à l'original, resté entre les mains du citoyen GRÉTRÉ, rapporteur.

GRÉTRÉ, *Rapporteur.*